ÉCRIVINS
est une collection créée
et dirigée par Philippe Claudel

Le vin roule de l'or
Charles Baudelaire

Rouge, le vin
Rouge, mon cœur

Baptiste-Marrey

Rouge, le vin
Rouge, mon cœur

Stock

ISBN 10 : 2-2340-5922-4
ISBN 13 : 978-2-2340-5922-1

à mes fils,
leurs racines

Au lieu des voyages dans les
pays lointains, voyagez dans
le passé.

Walter Benjamin

Soixante ans que je porte ces images,
Si la mort ne rôdait autour de moi,
elles resteraient latentes,
à jamais enterrées
dans la vieille citerne,
mon cœur.

C'ÉTAIT LE TEMPS

C'était le temps où je jouais dans
 les rues de la Bastille,
c'était le temps où une bouche d'égout
 servait de but,
où jouaient au foot rue de la Cerisaie
 avec une boîte de zan
trois ou quatre galapiats sortant
 de l'école des Oratoriens,
où pris par le jeu, j'oubliais mon veston
 Place des Vosges.
C'était le temps où le Marais était
 un quartier perdu
dont les savantasses n'avaient pas
 gommé deux siècles
d'apports populaires – nécessaires, parfois
 incongrus, saugrenus
marchands irrespectueux gravant
 leurs noms plébéiens,

israélites même, sur les austères façades
et les cours princières
auxquelles furent redonnés leur lustre
leur crème, leur blancheur
et leur dédaigneux mépris pour la rue
et le jeu des enfants.
C'était le temps où le Louvre n'avait
pas été reconstruit
plus accompli, plus anciennement vrai
qu'aucun Parisien ne le vit.
C'était les temps obscurs et gais
où coulait dans nos gorges
Le sirop du temps et nous le tétions
goulûment sans y penser
comme si nous aurions toujours et toujours
entre deux buts marqués
cette faculté étrange de pénétrer
à l'intérieur du temps
et de tutoyer les siècles, cheveux au vent.

La bonne graine

Je suis né Passage de la Bonne-Graine
chantait disait psalmodiait Piaf,
sinon là, tout à côté, suivant en rang
par deux le chemin de l'école,
cours élémentaire privé rue de Charenton
(déjà dedans et en dehors),
        entre Bastille et Nation
le long du Faubourg Saint-Antoine
(on disait *le* Faubourg comme *le* Boulevard)
respirant nourrisson encore à la mamelle
odeur de vin et odeur de révolte
avec plus tard un brin de gouaille
par défi comme l'œillet se porte rouge.

Poète je suis, ni rhétoriqueur ni sémiologue,
né entouré de signes que toute une vie
je m'écorchai à déchiffrer à re-connaître,
ronces ronces, le secret était là,
sous mes yeux entre mûres et lilas,

jardins de curé et trognons de choux.
Plus d'un demi-siècle, il me fallut
pour débarquer Passage de la Main-d'Or
à cinq cents mètres d'où je partis
chez l'Ami Pierre le rebouteux
qui m'étira l'âme et la remit en place.
Le labyrinthe est un jeu de l'oie.
Il ramène le coureur yeux bandés
essoufflé là où se trouvait sa maison
et où s'élève maintenant barbe grise
persiennes closes une autre demeure
ignorante de cet incertain périple.

Rocher de Cancale

1.
En cet endroit s'élevait, architecture invisible,
la dernière des guinguettes en bord de Seine
avec sa terrasse à l'ombre des marronniers,
son môle où accostaient
        les canotiers à moustaches,
venus déguster en bande fritures et matelotes.
Non loin, à même le quai, s'entassaient
        les futailles,
pyramides peintes par Cézanne,
        vins de Bourgogne
descendus sur des barges au fil de l'Yonne.

Ce fut canaille et gai l'ultime Rocher de Cancale.

Enfant, je me penchais sur la balustrade,
au-dessus de l'égout cracheur de vinasse,

rinçure de tonneaux
et autres suspectes mixtures,
teintant en cercles l'eau de la rivière, de rouges
et de violets dont se saoulaient les mouettes.

2.
Le même rouge le même sang,
        temps des cerises,
barricades et insurgés de dix-huit cent trente,
corps dénudés alignés sur les barges
recouverts de chaux vive et de paille
sous le soleil de juillet descendent la Seine,

derrière le drapeau noir de la révolte,
piaillent en cercle les mêmes mouettes.

3.
Survivaient encore un large trottoir
        et des arbres,
une promenade recouverte bientôt de bitume.
Survivait une jeune femme à cheveux roux,
tôt le matin plantait là un chevalet
et une toile blanche face au double pont,
au port de sable et aux maisons de l'autre rive,
les pieds dans les feuilles d'un autre roux
et brossait à grands traits le poème d'hier.

4.

Ce qui n'existe plus n'a jamais existé,
les passants vont aveugles à ce qui fut,
les phares des voitures éclairent le néant,
éblouissent d'autres voitures que la mort pilote.

Mêmes casquettes

Mêmes casquettes à pont ou à visière
de cuir bouilli,
même lourd tablier tombant aux chevilles,
mêmes moustaches gauloises cachant les lèvres,
mêmes regards pétrifiés par cette boîte
surprenante
en accordéon et son opérateur-magicien
envoilé de noir,
le peuple des tonneliers, partout identique,
l'internationale artisanale que Quatorze
décimera,
le poilu, le pinard, double ration
à l'aube des massacres.
Coincé entre des fortes carrures,
le même enfant
chétif, au regard craintif, à la poitrine creuse,
enfant battu peut-être ?

À Bercy, mon grand-père Alphonse et
son terrible père.
À Alger, le jeune Camus (Albert) et
son oncle sourd-muet*.

* Là-bas, un ouvrier portait une chéchia. Les premiers colons partirent de Bercy sur des péniches halées par des chevaux avec *Marseillaise* et *Chant du départ* (rapporte *Le Premier Homme*).

Vinasse bien-aimée

1.
Un hangar en bois au toit pentu,
séchoir à tabac à la mode moscovite,
pour un enfant vaste porche
d'une cathédrale ouverte sur l'ombre
mystérieuse, odorante,
depuis la cour de Bercy jusqu'à la Seine.

2.
Par ses planches disjointes, filtrait
latéral, le soleil de l'ouest,
dansaient les poussières
les insectes les blondes particules,
surgissaient de la masse ombreuse
        veloutée de noirs
les tonneaux les uns sur les autres
empilés jusqu'aux poutres du toit
        (était-ce déjà la crise ?).

Une allée centrale entre ces ponts branlants
se perdait en édifices obscurs
où je n'osais m'aventurer vers
une autre porte, une autre lumière
        fragmentée,
l'accès à la Seine – déjà condamné.
L'imagination naît de la peur,
supplée peut-être
à ce que l'œil n'ose regarder.

3.
Je m'aventurais effrayé dans les recoins secrets
de ce port, de ces docks,
cité instable à l'intérieur de l'autre cité,
ruelles, maisons, gratte-ciel
(j'avais six ans),
îlots de terre battue, sombre,
d'un réseau maritime toujours actif
sables, charbons en vrac
arbres réduits à leurs troncs
feuillus devenus stères.
Halte avant des horizons nouveaux,
en mille neuf cent dix,
le fleuve entraîne des fûts
en une lente descente jusqu'à la mer :
l'infini
qui me rendit malade dès que je la vis.

4.
Imprégnant ces chênes ces châtaigniers
peut-être même la lumière,
l'odeur de cave, de jus de tonneau
ne m'a jamais quitté,
odeur de vinasse pour les raffinés
odeur de sous-bois
de terre humide, de futaie
de fougère ou de champignonnière
odeur d'ombre de terreau de fond d'étang
où, proches des sources,
naissent de nouvelles espèces,
de nouvelles œuvres.
La vie est glauque gluante en ses premiers essais
gélatineuse et molle, elle a besoin,
comme les mères,
de jours aussi noirs que les nuits
pour germer.

Futailles*

Le tonneau s'assemble autour du feu.
Ses *douves* font peu à peu cheminée
noircissent, se courbent, s'ajustent
s'insèrent par le *jable* dans la douve
du fond en forçant à grands coups d'*asse*
sur le *taquet*, les cercles de fer
ou les *feuillards* en branches de saule
fendues en deux avec des éclats d'écorce.

Vocables devenus à nos oreilles aussi étranges
Que ceux oubliés de la voile, du cheval.
Les pelleteuses ont détruit hangars, ateliers
et hauts immeubles gris couleur de plie.
Avec eux, le langage et la mémoire des mots.

---

* Voir l'appendice en fin d'ouvrage.

Taste-vin

Un taste-vin d'argent, porté
à la ceinture, pas nettoyé, culotté
godronné pour que miroitent les reflets
pourpres sombres pivoines des bourgognes,
grenats liquides ou topazes fumés
avant de se refaire la bouche
avec le quart d'une orange.

J'entends encore ce bruit de succion
dans l'avant-bouche, lèvres approchées
aspirant en un même souffle air et vin,
dans un long baiser gourmand
gargouillis léger, musical,
oiseau qui boit et chante en buvant.

Marcel, l'ouvrier

1.
La cour résonne à double écho de coups
redoublés que scande à son rythme,
tôt le matin, Marcel le tonnelier
qui assène bras levé son asse, métal
contre métal, crescendo decrescendo
à petits coups répétés, ajuste cet équilibre
précaire du bois qui se gorgera bientôt de vin
gonflera, prendra ses vraies courbes, son plein.

2.
Long tablier, lourdes galoches,
vieille bâche – l'hiver,
canotier à ruban noir – l'été,
visage rougi aux flammes,
rafraîchit sa gorge en feu,
fort de son herculéenne force
avec neuf litres quotidiens

d'aramon râpeux aux reflets bleus,
cépage othello qui brûle,
dont on dit qu'il rend fou.

Delirium tremens, chuchote grand-mère,
mots obscurs, redoutés
qui n'affectent pas le dieu en tablier,
mi-forgeron mi-tonnelier,
halluciné aux mains tremblantes
activant son feu, frappant de sa masse.
Derrière Marcel, la grande porte
du hangar et ses silences d'ombre.

PISSE EN L'AIR

Pisse en l'air,
jugeait Alphonse,
ou pissette
ce qui est pis,
ou pisse-dru
ce qui est mieux,
ou pissat d'âne
avanie suprême,
toutes variétés
de chasse-copains
reginglards et pictons
piquettes ou picrates
rouquins ou bibines
coupe-la-soif
pousse-au-crime
rince-cochon
pichtogorne
pichegorge ou pichetogom

pour se pictonner
à bon marché,
loin des zénarques
et zœnologues
de leurs châteaux
de leurs Margots
qui artistement font
la queue de paon
dans la bouche.

Pibus et linarpem

Pibus et linarpem, disait-on
entre soi, pour vin ou pinard
aux zincs du Grand ou du Petit-Bercy,
non en latin mais en largonji
jargon proche du javanais
et sa variante le louchébème
que jaspinaient bouchers
à la mauvaise réputation
ou apaches aussi habiles
à la savate et au bâton
qu'à piquer en loucedé
larantequé beaux javannavets
quarante beaux jaunets.
Bavonbajour les lavedus
qu'ils portaient aux fourgues
tétant leurs licelargués.

Ainsi parlait-on à l'envers
le verlan des bagnes de Vidocq
dans les bastringues, les malzingues
entre Roquette et ses salades
Bastoche et ses mauvais garçons
quand Alphonse apprenait
à Joinville parades et moulinets
l'art de la canne et du chausson.

La savate ou le chausson

La savate ou le chausson
escrime des arsouilles, boxe
pour Cour des Miracles,
violence nerveuse des mal nourris
agilité souplesse cruauté
donner une musette
relever le blase du bigorneau
d'en face et lui saigner le pif
gestes mystérieux et sinistres
mains ouvertes et jambes lestes
coups de pied au bas-ventre,
dit coup en vache,
et même au menton,
ruades brutales des rôdeurs
mains en appui sur le sol,
âne projetant ses deux pattes,
bout ferré contre l'os du tibia brisé net.
Des ombres se défilent,

sergeots prudents en embuscade,
combats crapuleux
à la sortie des bals
reflets pâles d'un réverbère
sur la toison de Casque d'Or,
peau blanche et corsage noir,
absinthe et vitriol,
la guillotine en ombre chinoise
et les fers et les cages et le bagne.

Duel

Enfant, je vis à midi deux jeunes hommes
en chemise, couteaux à lames longues
en main, s'affronter à la loyale
face à face jambe fendue en avant
entre les limites étroites d'un étal
derrière les grilles du marché d'Aligre.

D'une main estafilée l'un déjà saignait.

Femmes en noir

Mon aïeule aux yeux de chauve-souris
je ne la vois que vêtue de noir,
femmes en deuil d'espérance
tapies sur les albums de mariage,
au fond des porches charbonneux,
elles cernent de tous leurs noirs
bonzesses à surplis et chasubles funèbres
le blanc unique, éphémère de l'épousée.
Noirs multiples, satinés à reflets ou moirés
noirs opaques lourds noirs de velours
noirs de crochet ajourés ou noirs de dentelle
noir sur noir superposé façon Frans Hals
ruban noir cernant d'un camée
    la blancheur du cou
chapeaux noirs enveloppant
    le soyeux des cheveux

bottines noires montantes jusqu'aux genoux
talons hauts, extravagant laçage à croisillons,
le corps de haut en bas, dissimulé – cuirassé.

Alphonsine

1.
Elle était grande étroite et maigre,
elle s'appelait Alphonsine, venait de la Creuse,
avait été *placée* dès l'âge de douze ans,
jusqu'à son heure dernière
femme de ménage
dans deux familles distantes de deux rues
dont les enfants qu'elle n'appelait pas
autrement que Monsieur Baptiste
(et plus tard sa femme, Madame Baptiste)
devinrent peu à peu à sa manière
raide et distante ses propres enfants.

Jamais ne prit le métro. Jamais ne s'aventura
jusqu'à la rive gauche. Resta à arpenter
son quartier entre Aligre et Bercy
à pas vifs, talons plats, sac serré sous le bras,
vêtue d'une robe droite aux fleurettes bleuâtres

chapeau plat de paille noire fixé
par une longue épingle en son chignon
de cheveux gris, tête d'oiseau sur un cou haut
et sec – qui peut imaginer Alphonsine
cheveux dénoués au plaisir abandonnée ?
Vie apparemment sans cœur ni sexe,
en sa soupente l'été à suffoquer,
sans amie, sans autre occupation
que traquer la poussière, et *servir*,
passer les gigots les déjeuners dominicaux,
les joues rougies par le four, tablier blanc
sur l'immuable robe à fleurs grises.
Ni café, ni cinéma, pas d'autre petit verre
que le champagne que je lui portais
dans sa cuisine au dessert le Nouvel An,
retirait alors ses mains de la bassine,
Alphonsine aux mains humides
pour remercier l'enfant impatient.

2.
Elle mourut seule dans la chambre louée
au huitième rue Abel, face à la gare
où jamais je ne suis monté la voir.
Qui l'a veillée, qui a su sa mort ?
Les jeunes *messieurs* étaient déjà dispersés,
ses employeurs, reclus dans leur vieillesse.
Ultime survivante d'un monde disparu,
seule face à la mort comme face à la vie.

En fonte noire

Cuisinière de fonte noire à feu continu
avec ses parements de cuivre astiqués
chaque jour au chiffon de laine, son robinet
d'eau chaude sous le bain-marie oblong
ses cercles de fonte concentriques à soulever
avec le bec du tisonnier pour charger le foyer
(tire-braises poussier et seaux alignés).

Cuisinière des cuissons lentes, savoureuses
des plats mijotés au fil des heures,
qu'il fallait réveiller au petit matin,
chatte noire aux yeux de braise, assoupie
la nuit, domestiquait le feu
dans la cuisine obscure et tiède,
veillait sur les pots de confiture
tandis qu'au plafond ses reflets dansaient.

Amourettes et fricandeau

Amourettes et fricandeau
viandes à la bourgeoise, marengo
cœur de veau aux carottes
blanquette aigrelette avec son riz
miroton aux tranches de bouilli
nappées, tomatées d'un bel orangé,
bourguignon entouré de pâtes
lapin en ragoût ou en gibelotte
tendrons de veau ou bien bœuf mode,
elle est infinie la litanie
des plats populaires méprisés,
la cuisine odorante, braisante
dans des rondes cocottes en fonte
sur un lit d'oignons à peine roussis,
humée dès l'escalier, retrouvée
dans les gamelles à compartiments,
l'œuf mayo ôté, réchauffée,

dans les ateliers à midi tapé
à l'heure où les machines expirent,
heure sainte du frichti* extrait
de la musette avec la topette de rouge.

---

* *Frichti*, variante familière de *Frühstück*, donna aussi *fristouille à la neige*, grognement des grognards envieux de voir les corbeaux picorer les cadavres encore chauds au long des longs chemins de la Russie – glacés.

Odeurs

Odeurs des escaliers parisiens,
effluves lointains d'encaustique
de chat, de moisi, jamais aérés,
auxquels s'ajoute un mélange
délicat à déchifrener
de harengs et d'oignons frits
de soupe aux poireaux
et discret relent d'enfance
celui de la boîte métallique
où longtemps furent oubliés
des débris de gâteaux secs,
petits Lu vieilles armoires.

Bistrots

Bistrots, troquets, nos modestes pubs à nous
ni clinquantes brasseries, ni arnaques,
« salle au fond » ombreuse bruyante rieuse
avec parfois ronds de serviette pour habitués
nappes en papier, carrelage froid aux pieds,
serveuses en sueur sentant fort des aisselles
W.-C. à la turque, trou noir,
        chaussures mouillées,
mémés-cuistots, patrons en salle ou l'inverse,
cuisines sans air fritant huiles et graisses,
gastronomie masculine à contre-mode,
ici on ne cultive pas la ligne haricot,
viandes en sauce, hachis parmentier
servi brûlant sur fond de mâche verte
avec un Côtes du patron ou un Chinon,
philosophes de comptoir au ventre calé
au chaud par l'amitié, teint fleuri verbe haut
cachés encore au fond des vieux quartiers

de leurs sentes, de leur épaisse mémoire,
bistrots de midi comme des havres de grâce,
on y enterre chaque jour gaiement la modernité
entre soi, à demi-mot, avec une odeur de mort
qui rôde et donne au gigot-flageolets sa saveur.

Charbons et glaces

Remorqueurs Abeille crachant du noir,
hautes cheminées de brique, quilles
en quinconce entre Seine et Bercy,
locomotives et leurs tenders foyers ouverts
d'où s'échappent par à-coups traînées de feu
machines haletantes hululant à la lune,
un quartier entre artisanat et industrie
noirci de suie de fumées de tous les gris,
respire le charbon que livrent en vrac
péniches longues et profondes venues du nord,
s'entasse sur le quai en pyramides régulières
criblé lavé trié mis en sac coltiné,
charrettes à claire-voie oscillantes sur le pivot
de leurs deux roues, tirées par des chevaux
en ligne lourds et lents, blancs, à la patience
infinie, les yeux protégés d'œillères
de cuir, carrées, ornées d'un B de cuivre
charbons Bernot, que déversent ensuite

des costauds auvergnats dans la gueule des caves
à ras du trottoir, la tête et le dos sous la capuche
de leur sac de jute, d'un tour de reins,
        à deux mains,
ils se collent cent kilos sur l'échine
et avancent bras tendus par-dessus
la tête, courbés, monstres ou gnomes
traversent les cours montent les étages
effraient les enfants avec leur visage
de nègre blanc éclairé par les dents
après avoir livré coke poussier lignite
gailletin grésillon parfois briquette
tête-de-moineau anthracite belge,
le plus cher au beau noir de truffe,
tous exposés sur des coupes comme diamants
derrière les vitres encrassées du bougnat
(charbon de bois, fagots, margotins).
Pour se désaltérer de tant de suie
se jettent dans le gosier du picrate
élevé à Bercy, trafiqué dans les cuves
coloré à la fuchsine, du gros rouge
presque bleu, à goût râpeux de goémon,
vin de citerne coulant à pleins tuyaux
au fond vers Charenton dans les usines
des pinardiers, direct en des litres étoilés.

Rudes et longs hivers, fumées de l'oubli.
Dans les rues noires, titubent les pauvres.

Les mêmes, le sac de jute sur l'épaule
le poing en appui sur la hanche
livrent des pains de glace
qu'ils découpent à coups de pic
sur la table arrière de tombereaux
servant de frigos, toit rond, portes closes,
tirés par les mêmes chevaux patients.
Derrière l'eau goutte laissant
d'irrégulières étoiles sur le pavé brûlant.

Justice

Dans la cour de Bercy où ma mère est née,
les pauvres insomniaques
derrière leurs croisées
surveillent jour et nuit
le négociant qui trafique
avec l'occupant et lui vend au prix de la rareté
ses tonneaux neufs pour transporter le blé
là-bas vers les neiges et les steppes biélorusses.

Savaient au sou près ce que la Wehrmacht
payait.

Vint l'août de la liberté, ils le prirent par le col
l'enclosèrent dans une de ses barriques
qu'ils firent rouler et cahoter sur les pavés
brinquebaler et rouler de Bercy à la Rapée,
les rires couvraient ses cris – s'arrêtèrent

quand le trafiquant ne fut plus
    que loque en sang.

La justice du peuple est abrupte et terrible.

Le crevé

Il était petit, il avait le pied bot,
il s'appelait Falchetto,
il tenait une boutique de cordonnier
rue Parrot,
d'un beau rouge sali avec une grande
botte du même rouge.
Il était brun de peau et de poils,
avait les sourcils noirs,
la moustache et un peu de
la démarche de Groucho.
J'aimais les ombres le désordre les bruits
de cette échoppe
au pied de notre immeuble
où j'attendais à l'abri
la « conduite » qui m'emmenait
à la petite école.
À la pause de midi dans le capharnaüm
de l'arrière-boutique

qui sentait le cuir et le ragoût,
odeurs de poix odeurs de pied,
les deux Falchetto, le père et le fils
jouaient aux cartes
avec un crevé, disait le grand-père
Alphonse,
un gigolo, disait ma mère
de ce beau garçon
grand et brun, aux cheveux
calamistrés, noir de jais,
c'était encore l'époque de la gomina.
Vêtu, ce turfiste,
d'un pardessus café crème
en poil de chameau,
sans lien pour moi avec la bête
à bosse vue au zoo.
Il pilotait de très longs cabriolets
au capot sanglé
Delage, Delahaye, qu'il garait
devant Falchetto
pour belotter avec lui sous
le lumignon grêle
de l'arrière-salle, lui l'amant
désœuvré et joueur
de Lycette Darsonval, Giselle,
étoile de l'Opéra.

Deux heures sonnaient, je partais
    apprendre à lire
quittant à regret l'antre obscur
    de Falchetto,
le pied de fonte à tête luisante surgi
    entre ses jambes
sur lequel il cognait avec un marteau
    en chapeau de gendarme
pour enfoncer des pointes extraites
    d'entre ses dents.

Je laissais là le crevé fumant
    avec nonchalance
des cigarettes blondes, longues
    à bout doré.
Al Capone de la gare de Lyon,
    me dis-je maintenant,
avec de faux airs de film noir dont j'étais
    le témoin innocent.

Pubes

Biscottes Heudebert
Phosphatine Fallières
Petits Lu de Lefèvre Utile,
Ceux de l'arrière-grand-mère
Dite mémé-petit-beurre,
Jouvence de l'Abbé Soury,
Chapeau noir, sourire gris
Dentifrice du Docteur Pierre
Et son profil à la Chateaubriand
Bébé Cadum et Vermifuge Lune
Chez Dupont tout est bon
Au Tout va bien, Ça va Ça vient,
Dubo-Dubon-Dubonnet
rythmant les tunnels du métro,
Le Lion Noir et sa patte
souveraine posée sur la boîte
de cirage, Crème Éclipse
même usage, que de cirages !

Byrrh, vin généreux au quinquina
s'oppose sur les murs à Saint-Raphaël
et ses loufiats à tablier blanc,
Nectar donne la main à Glouglou
et fait la roue avec une corolle de bouteilles,
Suze, l'apéritif à la gentiane,
La Ouate Thermogène verte
crachant le feu comme à la foire,
Ripolin et ses trois hommes
s'entre-peignant le dos des blouses,
La Vache qui rit de Benjamin
Rabier, qui rit qui rit à l'infini,
Valda, Pigier, Le Nil, Menier,
c'était la réclame à la française.

On voit encore sur des pignons noircis
quelques bribes, quelques zébrures
une lettre, *L* de Larousse
Je sème à tous vents, survivances
archéologiques d'un Pompéi
englouti sous les laves et les néons
du Vésuve anglo-nippon.

Remorqueurs

Par-dessus les toits grondait
l'appel des remorqueurs.
Penché sur le pont de Bercy,
c'était un bonheur de voir
s'abaisser leur haute cheminée
tirée par un marinier,
comme un wattman le trolley,
bien campé sur ses pieds
entre les rails au carrefour,
puis renaître le pont passé
le panache de fumée noire
d'où retombaient en pluie
les escarbilles et les passants
se protéger les yeux, tête tournée
épaule relevée.

Agonie d'une ville

Le lent pourrissement d'un lieu condamné
l'abandon, le verdissement des tuiles
les ormes, branches brisées, troncs fendus
les rails rouillés et les pavés disjoints
les vitres en étoile et les portes dégondées,

ainsi Bercy agonisait derrière ses grilles.

Aussitôt qu'émigrent les marchandises
et avec elles, le capital suivi par le travail
aussitôt les rats débarquent, et l'art aussi.

Les artistes campent avant que les démolisseurs
les chassent, reniflent les odeurs oxydées
        du passé,
prétendent redonner vie à ce qui est mort.
Un tigre blanc saute dans le cerceau du temps,
        puis ils repartent à la chasse aux lofts.

Le train des roses

Un train que souvent pousse, et non pas tire,
une loco à vapeur, circule derrière les arbres
de l'avenue Daumesnil sur un viaduc urbain.
Les enfants admirent ses volutes
        de fumée noire
les wagons à deux étages en bois aux rondeurs
d'omnibus sur rail avec leur escalier extérieur
en métal tournant sur lui-même pour mettre
en valeur les tournures des petites femmes
et leurs mollets, et le reste – toutes ces mortes
si jolies si fragiles que leurs galants conduisaient
pour des parties de campagne le dimanche,
guinguettes fritures et accordéon à Nogent.
Eux la veste sur le bras restaient crânement
debout sur les marches pour boire le vent.
Les amants tremblants du *Diable au corps*
Gérard Philipe et Micheline Presle le prirent,
ce train qui expirait dans un dernier asthme

gare de la Bastille, au-dessus de l'arche
en brique, aux éclats bleutés où s'entassaient
dans leur corset à bulles
les syphons d'eau de Seltz.
Avant que disparaissent
et les trains et les serres et les roses,
ce fut aussi le train qui apportait
de Brie et de Grisy-Suisnes les fleurs par brassées
jusqu'au carreau des Halles où elles arrivaient
suivant les rails au creux de la rue Saint-Antoine
dans des wagonnets traversant la nuit parfumée,
un parterre de fleurs, Seurat aux mille points,
éphémère jardin sous les arches de Baltard
au chevet maternel de la vieille Eustache,
énorme bergère de ce troupeau de toits.
Quand au mois de mai le soleil de l'ouest
jetait ses ombres sur cette fantasmagorie,
c'est un plaisir des yeux qui papillote encore
sous mes paupières quand je les ferme au jour,
ce Paris, cathédrale fragile de misère et de gloire
qui n'est plus.

Le pont de l'oubli

Je suis seul sur le quai, droit dans la tempête
bousculé par le vent de mémoire.
Qui pourrait croire qu'au coin de cette palissade
se balançaient des touffes de buddleias
        bleu de mer
gracieux rustiques accordés à cette magie
        évanouie.
Le ciel est plombé de neige aujourd'hui
        et le fleuve
d'un vert laiteux avec des dessous d'étain.
J'ai les deux pieds enfoncés là où, jeune moutard
s'émerveillant de peu, je m'émerveillais
        sous les paulownias
aux feuilles en cœur, aux grappes
        de doigts mauves,
de voir les rames de métro rouges et vertes
surgir de terre sur une gerbe d'argent,
franchir d'un bond d'acier rail unique à l'infini

le fleuve qui me paraissait estuaire profond
où s'élevait sur l'autre rive, lointaine,
        Italie Italie !

Accroché au grillage, résistant à ma mère,
dans l'attente bienheureuse, encore et encore
d'autre rame, d'autre miracle,
devinais-je déjà, morveux
que ces barques cahotantes
enjambaient à grand bruit le fleuve de l'oubli
et que moi, petit prophète à la voix éteinte,
je parcourrais les espaces tremblants
        du monde souterrain
ces bosquets ces jardins ces celliers
        ces cris anciens
marrons craquants en un cornet de papier,
accompagné en ce long hiver, sous le voile noir
de l'obscurité, d'ombres encore chaudes
dont avec l'âge je deviendrais le seul gardien.

Gentilly, 1995

Dédicaces

Bistrots : à la mémoire du père Maurel, né dans cette même cour de Bercy, rubicond patron du Bougainville (face à la Banque de France).

Pubes : pour Isabelle.

Le train des roses : aux amis de Brie-Comte-Robert.

Appendice

Un buvard commercial noir sur blanc :
il y est écrit en capitales grasses,

FUTAILLES EN TOUS GENRES

puis, entre deux vignettes gravées,

ALPHONSE MIJOULE
147, rue de Bercy – Paris 12e.

Un filet, suivent les trésors du hangar :

foudres toutes contenances en chêne fendu
demi-muids transports et demi-transports, chêne
demi-muids, châtaignier
barriques bordelaises, demies et quartauts
chêne et châtaignier
fûts de toutes origines et de toutes contenances
pour le VIN, le CIDRE et les ALCOOLS.

(Existaient aussi la feuillette, le tierçon,
la boute, la velte, la pipe.)

Une autre vignette représente un muid,

ACHAT – VENTE – LOCATION

souligné par un double filet gras et maigre
et rejeté dans la marge, verticalement.

BUVARD À CONSERVER.

Ce que j'ai fait.

Table

C'était le temps 15
La bonne graine 17
Rocher de Cancale 19
Mêmes casquettes 22
Vinasse bien-aimée 24
Futailles 27
Taste-vin 28
Marcel, l'ouvrier 29
Pisse en l'air 31
Pibus et linarpem 33
La savate ou le chausson 35
Duel 37
Femmes en noir 38
Alphonsine 40
En fonte noire 42
Amourettes et fricandeau 43
Odeurs 45
Bistrots 46

Charbons et glaces 48
Justice 51
Le crevé 53
Pubes 56
Remorqueurs 58
Agonie d'une ville 59
Le train des roses 60
Le pont de l'oubli 62

Dédicaces 65
Appendice 67

DU MÊME AUTEUR

SMS, roman-poème, Actes Sud, 1982

Venise, suivi de *L'Île des morts*, poèmes,
Le Temps qu'il fait, 1984

Ode aux poètes pris dans les glaces, poèmes, Actes Sud, 1984

Les Papiers de Walter Jonas, roman,
Actes Sud, 1985

Carnet grec, prose et poésie,
Le Temps qu'il fait, 1986

Esquisse d'un discours sur le livre,
Le Temps qu'il fait, 1986

Elvira, suivi d'*Edda H.*, opéras-romans,
Actes Sud, 1986

Ballades du samedi, poèmes,
Le Temps qu'il fait, 1987

Les Poèmes infidèles de Walter Jonas,
Actes Sud, 1987

Le Chariot d'Esther, essai, Actes Sud, 1989

Éloge de la librairie avant qu'elle ne meure,
Le Temps qu'il fait, 1988

L'Atelier de Peter Loewen, roman,
Actes Sud, 1989

Les Sept Îles de la Mélancolie, roman,
Actes Sud, 1991

Le Maître de Stammholz, roman,
François Bourin, 1992

Deux récits de Balzac, essai,
Le Temps qu'il fait, 1992

Louttre B., essai, Castor Astral, 1994

Le Peuple sans Loi, roman, Julliard, 1994

Carnet des îles, prose et poésie,
Le Temps qu'il fait, 1995

Le Roman crétois, roman, Phébus, 1997

La Peau de mon enfance, poème républicain,
Le Temps qu'il fait, 1997

L'Évangile selon Tommaso, fiction,
DDB, 1999

Dialogue avec les icônes, essai,
Éditions du Linteau, 1999

Éloge des bibiothèques, essai,
Hélikon-CFD, 1999

Prêter (un livre) n'est pas voler (l'auteur), collectif, Mille et une nuits, 2000

La Terre Promise de Don Rubber, roman, Fayard, 2000

Jean-Gabriel Daragnès, collectif, Éditions du Linteau, 2001

Éloge du roman, sous forme de lettres à quelques lectrices réelles ou imaginaires, essai, Fayard, 2002

Le Montreur de Marionnettes, roman, Fayard, 2002

La Plume et le Pinceau, essai, avec des illustrations de F. Bruetschy, L'Inventaire, 2003

Les aventures du brave écrivain Brecht entre l'Est et l'Ouest, théâtre, Comp'Act, 2004

Dans la collection
ÉCRIVINS

Daniel Arsand,
Ivresses du fils, 2004.

Patrick Cloux,
Un vin de paille, 2004.

Sébastien Lapaque,
Chez Marcel Lapierre, 2004.

Pierre Charras,
L'oiseau, 2004.

Alain Roehr,
Le fil de l'eau, 2005.

Sylvie Gouttebaron,
Du corps, 2005.

Jean-Claude Pirotte,
*Expédition nocturne
autour de ma cave*, 2006.

Nicole Lombard,
Loin des vendanges, 2006.

Ce volume a été composé par
IGS-CP à L'Isle-d'Espagnac (Charente)
et achevé d'imprimer en novembre 2006
par l'imprimerie Bussière
à Saint-Amand-Montrond (Cher)
pour le compte des Éditions Stock
31, rue de Fleurus, 75006, Paris

Imprimé en France
Dépôt légal : novembre 2006
N° d'édition : 79626. – N° d'impression : 62137
54-02-5922/7